AF339568

Quelques Peintures identifiées de l'Époque de Rubens

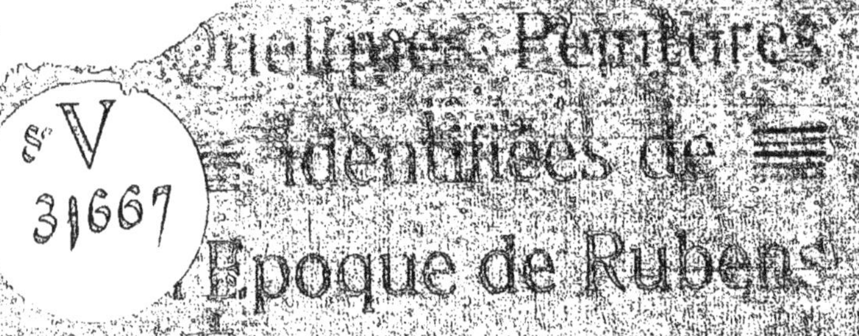

PAR

L. MAETERLINCK

Conservateur du Musée des Beaux-Arts
de Gand
Membre correspondant de l'Académie
Royale d'Archéologie de Belgique

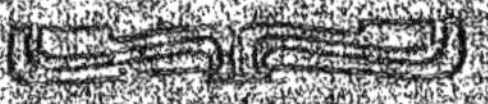

LIBRAIRIE NATIONALE D'ART ET D'HISTOIRE

G. VAN OEST & Cie

16, rue du Musée, 16, Bruxelles

1921

QUELQUES PEINTURES
IDENTIFIÉES DE L'ÉPOQUE DE RUBENS

Gand, imprimerie de Victor Van Doosselaere.

Quelques Peintures identifiées de l'Epoque de Rubens

PAR

L. MAETERLINCK

Conservateur du Musée des Beaux-Arts
de Gand
Membre correspondant de l'Académie
Royale d'Archéologie de Belgique

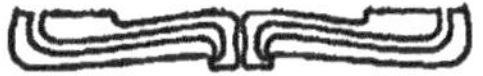

LIBRAIRIE NATIONALE D'ART ET D'HISTOIRE

G. VAN OEST & Cie

16, rue du Musée, 16, Bruxelles

1905

Quelques peintures identifiées de l'époque de Rubens.

Dans un remarquable travail tout récent, intitulé : *Aus Rubens' Zeit und Schule* (1) Mr Gustav Glück, conservateur au musée impérial de Vienne, s'est occupé incidemment de divers tableaux de notre galerie gantoise, et a avancé de nouvelles attributions pour quelques-uns d'entre eux. C'est ce travail que je me propose d'examiner aujourd'hui devant vous, en y ajoutant le fruit de mes recherches personnelles.

Cette étude présente en ce moment un très grand intérêt, car un nouveau catalogue du musée des Beaux-Arts de Gand est en élaboration, et peut être jugera-t-on qu'il y a lieu d'y tenir compte des nouvelles attributions proposées.

Les illustrations, fig. 1, 2, 3, 5 et 6, qui accompagnent cette

---

(1) Gustav Glück. *Aus Rubens' Zeit und Schule*. Bemerkungen zu einige Gemälden der Kaiserlichen Galerie in Wien (Jahrbuch der kunsthistorischen Sammlungen des Allerhöchsten Keiserhauses), Band XXIV, heft I. Wien, 1903. — Vu le grand intérêt de ce travail, j'ai fait don de l'exemplaire que l'auteur avait bien voulu me faire parvenir, à la bibliothèque du Musée des beaux-arts de Gand, où les membres de la Société d'histoire et d'archéologie pourront le consulter.

communication, ont été empruntées à l'ouvrage sus mentionné, et généreusement fournies par M[r] le docteur Zimmerman, directeur du *Jahrbuch der kunsthistorischen Sammlungen des Allerhöchsten Kaiserhauses*, à qui je présente ici tous mes remerciements (1).

---

(1) Les fig. 4, 7 et 8 sont empruntées à l'Inventaire archéologique de Gand.

Gérard Zegers.

Parmi les tableaux du Musée des Beaux-Arts de Gand, on remarque une composition représentant *le Songe de saint Joseph*, attribuée jusqu'ici à Théodore Rombouts (voir fig. 1).

Le faire et la couleur de ce tableau, aux oppositions d'ombre et de lumière presque brutales, où l'on constate, à côté de réminiscences italiennes, la façon de composer des peintres de l'école de Rubens, avait rendu jusqu'ici son identification assez difficile ; et, ce n'était qu'en faisant des réserves (1) que l'on avait conservé provisoirement son ancienne attribution, proposée jadis par Spruyt (2).

D'après le savant conservateur au Musée de Vienne, qui s'est particulièrement attaché à l'étude de l'époque de Rubens et des peintres de son école, il y aurait lieu de restituer cette œuvre à un autre peintre anversois : Gérard Zegers.

Le souvenir de cet artiste, — hautement apprécié par ses contemporains, notamment par Philippe III, roi d'Espagne, qui lui confia l'exécution d'œuvres importantes, par Rubens qui l'honora de son amitié et par Van Dyck à qui l'on doit son portrait, — semble bien effacé de notre temps et même, chose plus regrettable, toute une catégorie de ses œuvres et de ses meilleures, semblent oubliées ou attribuées à d'autres grands artistes.

---

(1) A. Sunaert. *Catalogue descriptif du Musée de Gand* (Gand, 1870) : « Quoique tous les catalogues antérieurs, à commencer par celui de Spruyt attribuent ce tableau à Th. Rombouts, nous croyons cependant devoir faire des réserves à ce sujet. »

(2) Spruyt. *Liste des tableaux appartenant à des mains-mortes de la Ville de Gand, etc.*, dressée sur l'ordre de Marie-Thérèse en 1777. — (Archives de la Ville de Gand).

On sait cependant que, né à Anvers en 1591, après avoir été l'élève de Van Balen et d'Abraham Janssens, Gérard Zegers se rendit en Italie vers 1609. Il appartenait avec Adam de Coster (1), Théodore Rombouts et d'autres, à cette catégorie de nos premiers peintres flamands qui adoptèrent la manière du grand Caravaggio. Abraham Janssens, son premier maître, subit lui-même cette influence, quoique son voyage en Italie n'ait pas été prouvé avec certitude.

Nous ne savons pas si Gérard Zegers suivit personnellement, comme on le suppose, l'enseignement de Manfredi ; la chose est pourtant possible, car il était encore à Rome en 1617 ; mais ce qui est certain c'est qu'il fut fortement influencé par les œuvres de l'école de Caravaggio.

Après avoir été en Espagne, où, comme nous l'avons vu plus haut, le roi Philippe III le chargea d'importants travaux, notre peintre revint à Anvers et continua encore pendant un certain temps, — chose généralement ignorée, — à peindre dans le genre qu'il avait adopté en Italie. C'est même alors que, d'après des auteurs du temps, il produisit ce qu'il fit de mieux. Joachim Sandrart, dans sa *Teutschen Academie*, nous dit qu'il exécuta à cette époque divers groupes à mi-corps, grandeur nature, représentant des soldats jouant aux cartes, des musiciens avec leurs instruments, « si bien peints d'après nature qu'ils pouvaient être comparés aux peintures les plus renommées et faisaient pâlir les autres. » (2)

Malheureusement on ne connaît pour ainsi dire pas d'œuvres

---

(1) Le Cabinet des Estampes de la Bibliothèque royale de Bruxelles possède une gravure de Vorsterman exécutée d'après une composition de De Coster, où nous voyons des soldats et des fumeurs assis à une table et servis par une petite fille, le tout éclairé par les lueurs de deux chandelles. Elle présente les plus grandes analogies d'obscur et de jeux de lumière avec les œuvres de la première manière de Gérard Zegers.

(2) JOACHIM SANDRART. *Teutschen Academie.* « Kartenspielende soldaten Musicanten mit Instrumenten und anderen Lebensgrossen halben Bildern so wol nach den Leben gefärtiget, dass si neben dem beruhmtesten alda bestunden, auch etliche andere dergestalt verfinstorten. . »

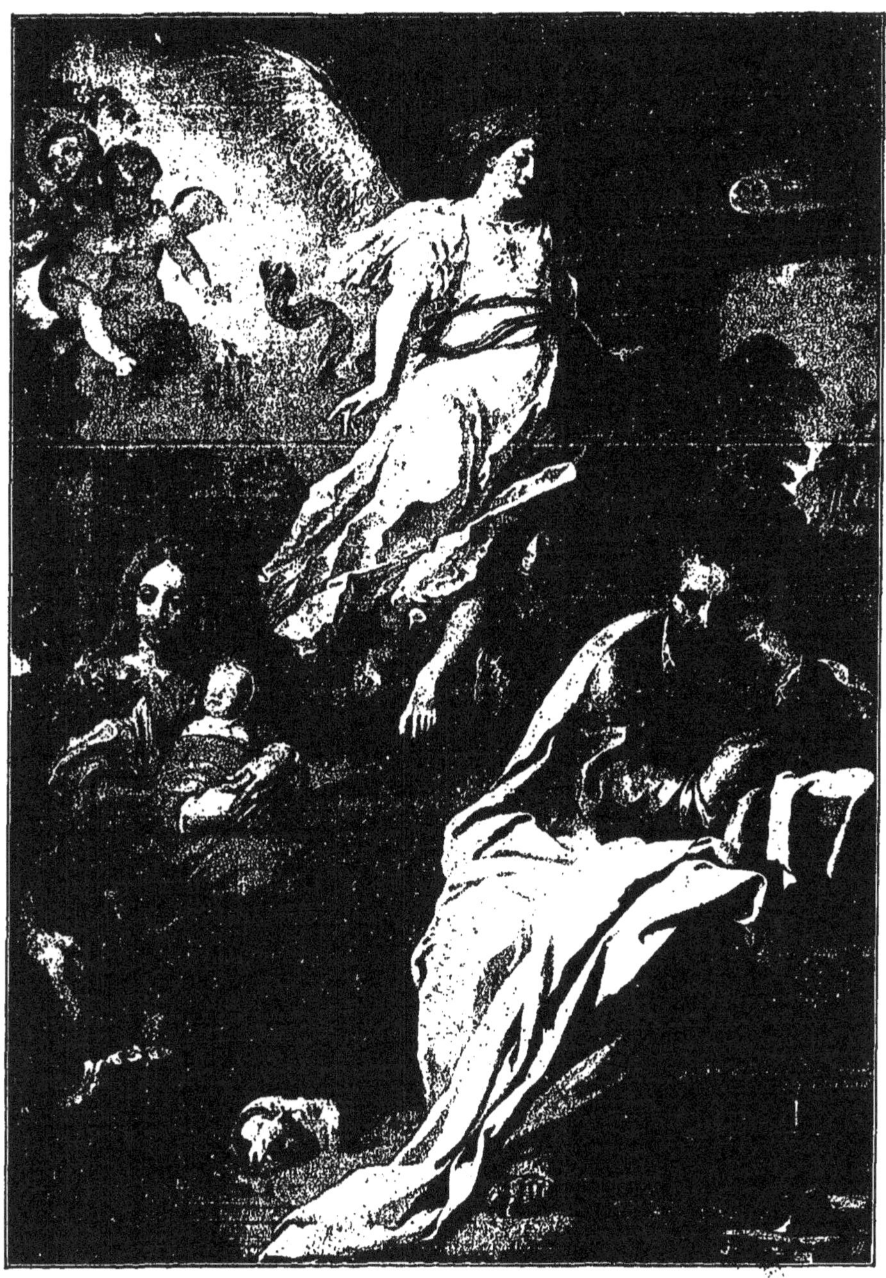

Fig. 1.   Le songe de saint Joseph, par Gérard Zegers.
Musée des Beaux-Arts de Gand.

peintes de Gérard Zegers appartenant à cette première manière. Il faut, pour se faire une idée de ce genre qui lui fut particulièrement cher, consulter certaines gravures anciennes qui furent exécutées d'après ses compositions. — Nous y remarquons que, conformément au goût de son contemporain hollandais Gérard Honthorst, il se complut aussi à rechercher des effets de lumières artificielles, motivés par des chandelles, flambeaux ou feux ouverts, produisant ainsi les éclairages les plus variés et les plus étranges.

Parmi les gravures qui reproduisent ses œuvres disparues appartenant à cette première manière, il faut citer : un *groupe de fumeurs et de soldats* attablés, accompagnés de deux femmes, une jeune et une vieille, le tout violemment éclairé par la lumière d'une chandelle plantée dans un chandelier. Notons en passant que celui-ci est en tout semblable au chandelier que nous remarquons sur le tableau de Gand. Cette œuvre a été gravée par Nicolas Lauwers et la bibliothèque de Bruxelles en conserve un exemplaire.

Une autre composition, citée par Mᵣ Glück et décrite dans le *Künstlerlexikon* de Nagler, représentant *une querelle de jeux entre cinq soldats* assis à une table, a été gravée par Schelte et Bolswert (1), à qui l'on doit aussi un *Reniement de saint Pierre*, où l'on remarque un groupe de soldats jouant aux cartes, le tout éclairé par deux chandelles et un feu à droite dont on aperçoit les étincelles ; cette dernière gravure fait partie des collections du Cabinet des estampes de Bruxelles. Le même sujet, mais sans joueurs de cartes, qui se trouve au Teyler Museum d'Harlem, est également intéressant à cause de son double éclairage produit pas les flammes d'un feu et les lueurs d'une chandelle allumée (2).

Une gravure de Pierre de Jode, ayant pour sujet le *Christ et Nicodème*, éclairés par une chandelle, appartient encore au

---

(1) La bibliothèque royale de Bruxelles ne possède pas cette gravure.

(2) J'ai vainement cherché cette gravure au Cabinet des Estampes de Bruxelles.

même genre ainsi qu'une *Sainte Cécile avec des anges musiciens*, due au burin de Nicolas Lauwers, dont nous donnons la reproduction ci-contre (fig. 2). Le Cabinet des Estampes de Bruxelles possède de beaux exemplaires de ces deux derniers sujets (1).

En fait de peintures appartenant à cette époque, on ne connaît avec certitude qu'une *Marthe et Marie*, à la galerie du Prado à Madrid, qui lui fut probablement commandée par le roi d'Espagne en 1620 ; et qui est considérée à juste titre comme un des chefs-d'œuvre de Zegers.

Cette composition, comme toutes celles appartenant à sa première manière, est disposée dans le sens de la largeur. La toile mesure 2,05 de haut sur 2,15 de large.

Les figures sont de grandeur naturelle (N° 1852,0 du catalogue de Mr P. de Madrazo, Madrid, 1893.) (2).

Mr Glück a heureusement pu restituer à Zegers un autre tableau, se trouvant au musée de Berlin, représentant le *Songe de Saint Joseph* (n° 722 du catalogue de 1883), jadis attribué à Abraham Bloemaert (3).

---

(1) Voici la liste des autres gravures exécutées d'après Zegers et conservées au dépôt de Bruxelles :

De Schelte et Bolswert : *Adoration de l'Enfant Jésus apr un saint et une sainte*, effet de lumière en dessous ; *une Annonciation, l'Apparition de la Vierge à St Ignace de Loyola.* — De Lauwers : *Mater Dolorosa*, genre de Van Dyck. — De Neefs : *Jésus accompagné de six grands pénitents* ; *Hérodiade portant la tête de St-Jean ; Jésus jardinier et Marie Madeleine ; Job sur son fumier visité par ses amis.* — De Vorsterman : *Le Christ à la colonne.* Sauf le premier tableau, tous datent de la seconde manière du peintre.

(2) D. PEDRO DE MADRAZO. *Catalogo de los cuadros del Museo del Prado de Madrid,* 1893, p. 321. — « Jesus en casa de Marta y Maria (San Lucas X, 34-42). — Esta representado el Salvador in actitud de contestar à Marta sobre la queja que ella le ha dado de sa hermana Maria. — Col. de dona Isabel Farnesio, Palacio de San Ildef.

(3) Cette attribution avait été motivée par le clair obscur et l'effet de chandelle que l'on y remarque. Or, nous savons que cette manière était en faveur parmi les peintres de l'école d'Utrecht à laquelle il appartient. On sait que ses œuvres présentent certaines analogies avec celles de son compatriote Honthorst (GUSTAV GLÜCK, *Rubens' Zeit und Schule.*)

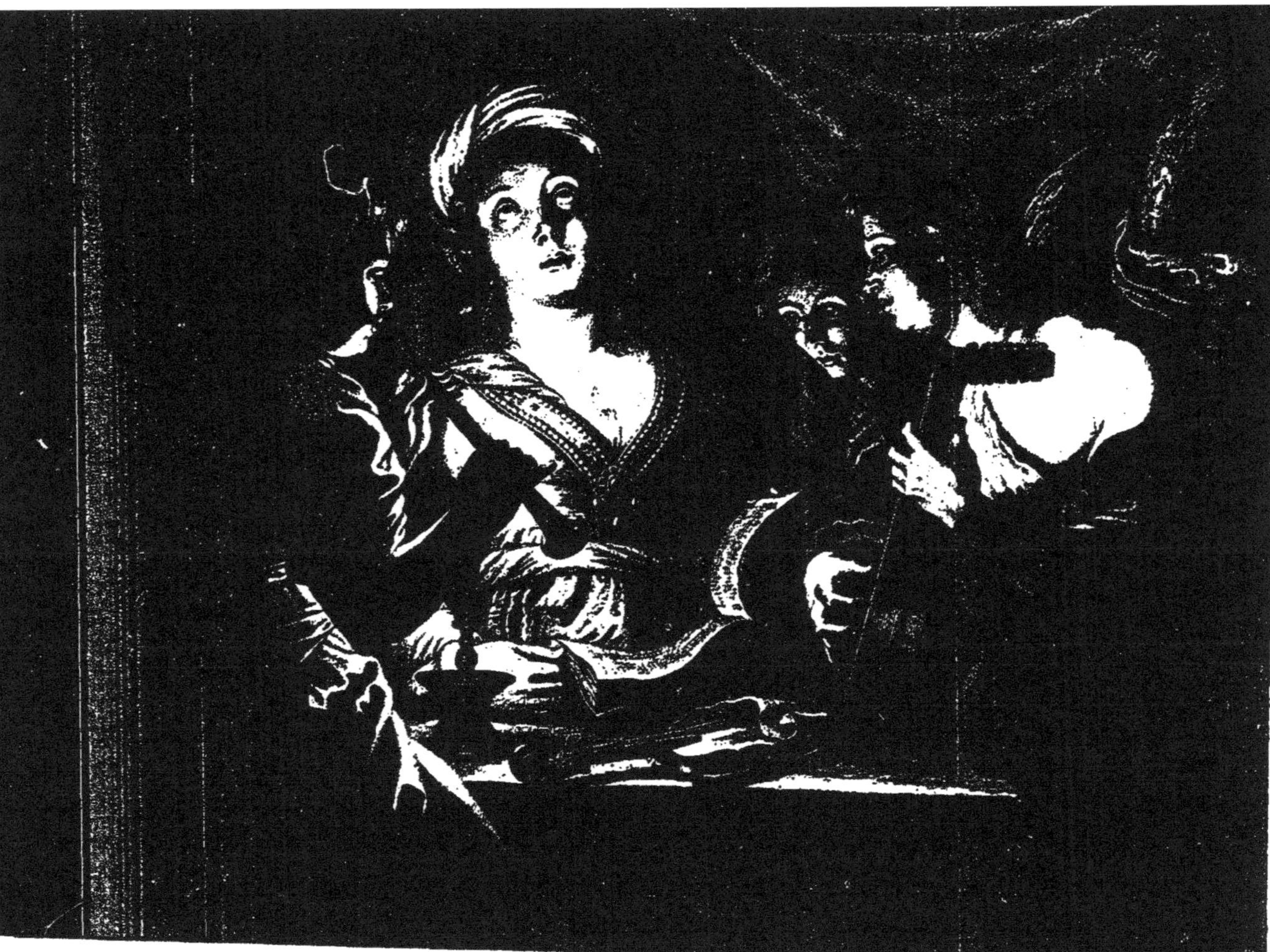

Fig. 2 — Sainte Cécile

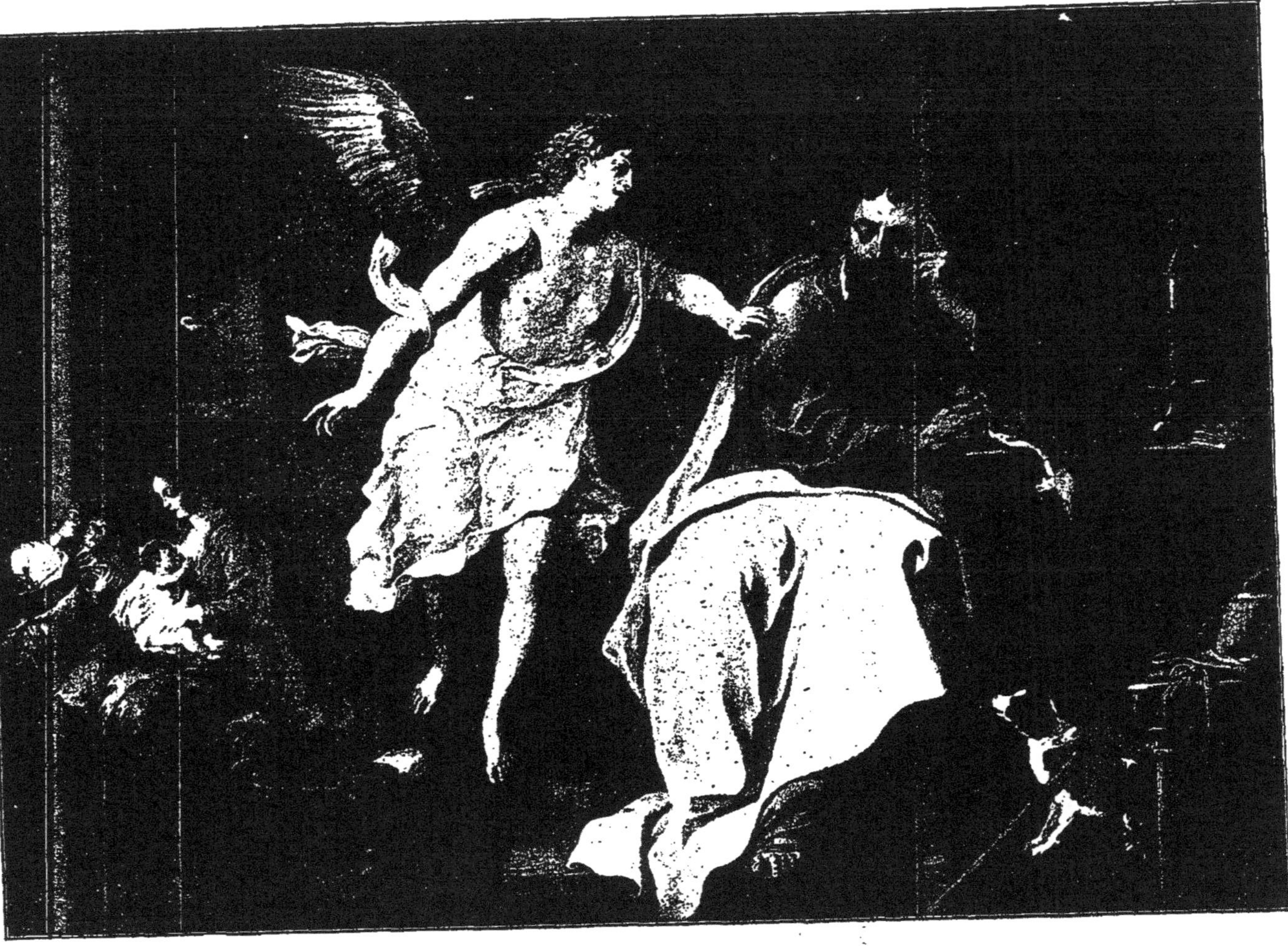

Fig. 3. — Le songe de saint Joseph, par Gérard Zegers.
Musée de Berlin.

Cette œuvre (voir fig. 3) nous intéresse particulièrement, car elle constitue une première version du même sujet conservé à Gand (fig. 1). Elle fut exécutée à une époque où notre peintre, abandonnant peu à peu son genre primitif, commençait à suivre les préceptes de l'école de Rubens, alors triomphante (1).

Peut-être y aurait-il lieu cependant de restituer encore à sa première manière une acquisition récente du musée d'Anvers que je me permets de signaler ici à Mʳ Glück. C'est un *Christ chassant les vendeurs du temple*, faussement attribué selon moi à Th. Rombouts. On y reconnaît complètement d'ailleurs le faire du maître, tel qu'il nous est connu grâce à un auteur contemporain Joachim Sandrart.

« Gérard Zegers, dit-il, était de son temps un excellent peintre, qui, pour se perfectionner dans son art se rendit à Rome où il imita la manière de Bartholomé Manfredi qui peignait lui même la nature et la vie d'une façon si fidèle. *Il ombrait tout fortement et ramenait une lumière vive sur les points principaux de sa composition; il peignait les chairs d'un bon coloris où l'on reconnaît l'emploi des couleurs les plus appropriées, telles que cinabre, outremer, jaunes foncés et verts clairs, le tout mélangé d'une façon si harmonieuse que ses œuvres paraissent faites de la main même de Manfredi... ».*

Ces ombres fortes, faisant ressortir des effets de lumière violents ; ces chairs d'un beau coloris, ce naturalisme plein de vie, ces couleurs brillantes où vibrent l'outremer, le cinabre et d'autres nuances chantoyantes, nous les retrouvons complètement dans le nᵉ 801 du catalogue du musée d'Anvers (2). Ce tableau disposé en largeur, comme toutes ses œuvres

---

(1) Le musée impérial de Vienne possède une copie textuelle du tableau de Berlin que Mʳ Ed. von Engerth avait cru pouvoir attribuer à l'école de Gérard Honthorst.

(2) JOACHIM SANDRART, *Teutschen Academie:* « Er beschattete alles stark und der liechter Fläche ganz beysammen, vermittelst dessen er seine Figuren rund heraus gebracht und mit einen wol fleischlchen guten Colorit,

primitives, reproduit d'ailleurs les types ordinaire des personnages à mi-corps, truands ou ribauds aux costumes voyants,
que nous avons vu attablés, fumant ou jouant, à des tables
d'auberges, dans ses compositions reproduites en gravure,
et que nous retrouvons encore dans un des bourreaux du *Christ
à la colonne* de l'église de St-Michel à Gand, appartenant à sa
seconde manière (voir fig. 4).

L'attribution du *Songe de Joseph* du musée de Gand à
Gérard Zegers se base sur des raisons plus sérieuses. La
simple comparaison des fig. 1 et 3, représentant les deux
versions du même sujet, nous montre par la présence de
figures presqu'identiques, exécutées d'après le même modèle,
que les deux œuvres ont été indubitablement peintes par un
même artiste. Or, Mr Glück nous prouve que le premier tableau
est bien de la main de Zegers, en le comparant avec les nombreuses gravures citées plus haut. Nous retrouvons effectivement
dans la peinture de Berlin comme dans ces gravures, les mêmes
types d'anges, les mêmes étoffes, les mêmes manières de draper,
les mêmes clairs obscurs et effets de chandelle, ne laissant aucun
doute à cet égard. Cette comparaison, que nous ne pouvons
faire ici qu'avec une seule de ces gravures (fig. 2), suffira
cependant à donner une idée des autres et l'on y constatera
notamment des réminiscences certaines dans sa façon de
peindre et d'éclairer les anges que nous retrouvons presque
complètement dans la composition peinte de Berlin. Un simple
accessoire, identiquement reproduit sur les fig. 1, 2 et 3,
constituerait à lui seul un témoignage irréfutable, car nous y
reconnaissons le chandelier d'une forme particulière, ayant

---

mit Hind lassung aller scheikichten grellenharten Farben, nämlich Zinober, Schönblau, hochgelb und grün erhoben mit allen Farben bey der
Haltung oder Harmonie bleiten, wie hiervan anderwärtig geredt worden,
wo durch er des Manfredi Manier so nahe kommen, dass es fast eine Hand
schienne... ».

(3) *Catalogue des peintures et sculptures du Musée royal d'Anvers*, 7^e
édition, Anvers, Buschmann, supplément, p. III.

appartenu à l'artiste et qu'il se plaisait à reproduire. Nous avons vu qu'il se trouve également sur une gravure de Nicolas Lauwers, d'après un de ses groupes de fumeurs et de soldats cités plus haut (p. 11). Cette pièce à conviction équivaut à une signature.

Les tableaux de Berlin et de Gand méritent d'être comparés, car ils servent de trait-d'union entre les deux manières de l'artiste. Nous y constatons les évolutions artistiques de notre peintre, changeant sa manière primitive, qui était celle de Caravaggio, pour adopter celle de Rubens, dont la fig. 4 nous donne un exemple déjà frappant.

Dans le tableau de Berlin, Zegers a conservé, selon la manière usitée chez son premier maître italien, la forme en largeur, si favorable pour la disposition rationnelle d'une composition comportant divers personnages. On voit qu'il s'y est laissé aller à son sentiment propre, qui le portait à faire des œuvres rationnelles, je dirai presque réalistes. A droite à l'avant plan, saint Joseph, enveloppé d'un grand manteau blanc, s'est assis près d'une table. Il nous le montre assoupi d'une façon naturelle, la tête appuyée sur une main. A côté du saint plane un ange qui d'un geste familier le réveille, en lui touchant le bras et lui commande de fuir en Egypte avec sa femme et Jésus. A gauche, à l'arrière-plan, nous voyons une groupe charmant et naïf, représentant la Vierge, qui apaise son enfant en lui donnant le sein.

Deux anges s'approchent avec vénération ; comme il fait nuit, l'un des deux éclaire la scène à l'aide d'une chandelle dont il protège la flamme avec sa main. Derrière ce groupe s'ouvre une porte par où l'on aperçoit un paysage éclairé par la pleine lune. Ajoutons que, conformément aux traditions en usage chez nos peintres primitifs, tout dans cette composition vient concourir à l'amplification de l'action principale. Le clair obscur de la chambre, ainsi que la chandelle coiffée de son éteignoir posée sur la table, expliquent le sommeil de Joseph. A côté du saint, bien en évidence, sont placés son chapeau et le bâton dont il devra se munir bientôt pour entreprendre son long voyage. Remarquons aussi que l'apparition insolite de l'envoyé du ciel est saluée par les hurlements effrayés du chien qui veille aux pieds de son maître.

Dans le tableau de Gand, Zegers, abandonne la forme en largeur, pour adopter la disposition en hauteur plus en faveur chez les peintres de l'école de Rubens ; les tableaux de cette forme convenant mieux pour orner les chapelles surélevées de nos églises gothiques. Cette mise en page anormale a forcé notre peintre à rapprocher ses groupes principaux, et cela aux dépens de la vraisemblance.

L'ange annonciateur plane bien au dessus de Joseph, rendant impossible le geste primitif si naturel pour l'éveiller en lui touchant le bras. Si l'époux de la Vierge a conservé complètement l'attitude simple et vraie copiée d'après le tableau de Berlin, le groupe de la Vierge placide et de l'enfant Jésus, étroitement emmailloté et endormi, ne rappelle plus le groupe intime et réaliste de naguère. Le clair obscur et l'effet de lumière produit par la chandelle allumée sont remplacés par un rayon de soleil qui éclaire la scène et glisse entre les anges voltigeant dans le haut du tableau pour frapper en plein l'ange annonciateur drapé de satin et saint Joseph endormi. On remarquera en outre que les accessoires, tels le chien endormi et le chandelier, sont relégués à terre dans un coin, et ne participent plus à l'action générale. Quant au paysage lunaire, qui seul nous apprend que la scène se passe la nuit, il fait un contraste disparate et fort peu naturel avec la lumière intense qui inonde l'avant-plan.

On voit que déjà dans ce tableau notre peintre, soumis à l'influence de Rubens, s'efforce de plaire au public en cherchant la grâce et la noblesse aux dépens de la vérité.

Le changement qui se manifesta dans l'orientation esthétique de Zegers fut si radical, qu'il fit oublier complètement ses œuvres antérieures. En effet, les chefs-d'œuvre les plus connus

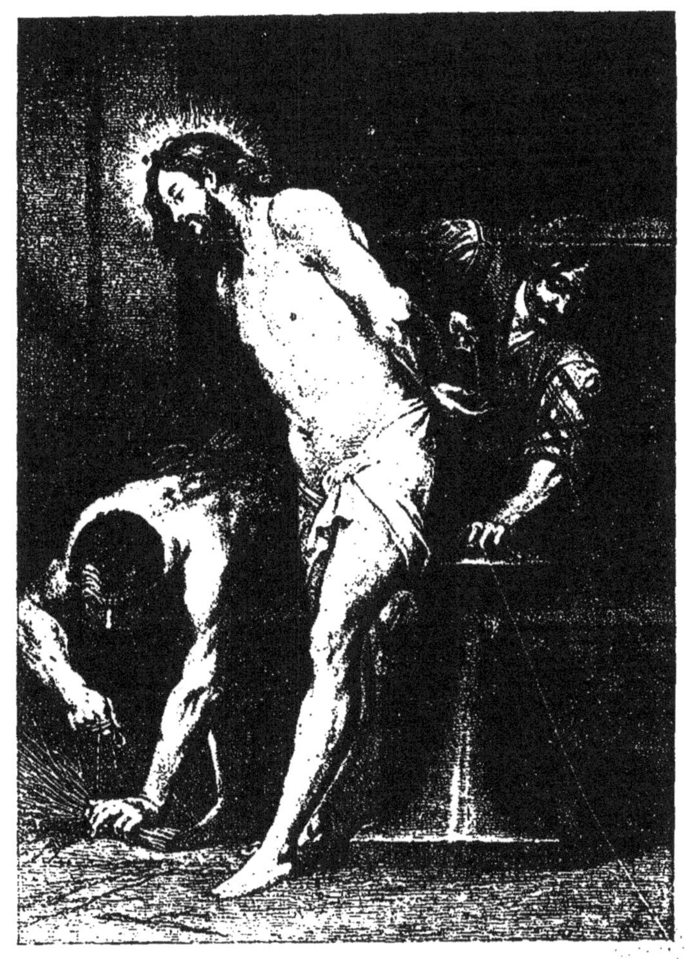

Fig. 4. — Le Christ à la colonne. par Gérard Zegers,
d'après la gravure de Vorsterman.
Eglise Saint-Michel à Gand.

du maître : *l'Adoration des rois Mages* (1) de l'église de Notre-Dame à Bruges ; *le Mariage de la Vierge* (2) du musée d'Anvers, et le *Christ à la colonne* (3) de l'église St-Michel à Gand, ont un aspect si franchement rubénien que l'on comprend aisément comment il se fait que personne n'avait songé jusqu'ici à attribuer le tableau de Gand à un disciple de Rubens.

Le *Christ à la colonne*, improprement connu sous le nom de *Flagellation* dont nous donnons une reproduction ci-contre (4), (fig. 4), nous intéresse davantage comme gantois. Il nous prouve d'ailleurs suffisamment combien la transformation de l'art de Zegers fut complète. On se croirait à première vue devant une œuvre de Rubens, avec cependant une pointe de réalisme et de calme en plus, caractère que nous retrouverons dans toutes ses

---

(1) G. Lafenestre. *La Belgique, La peinture en Europe* p. 353. — « Le meilleur ouvrage du peintre, où l'influence de Rubens est inscrite hautement et sans hésitation. Entraîné par la donnée même, séduit par l'élément fastueux et pour ainsi dire décoratif qu'elle révèle, Seghers a répandu sur cette toile l'éclat luxuriant et presque les tons clairs que le maître d'Anvers nous a appris a aimer. » — Paul Mantz, *Histoire des peintres.* — A. J. Wauters, *La peinture flamande* : « Dans *l'Adoration des Mages* et le *Mariage de la Vierge*, Rubens triomphe enfin », p. 257.

(2) Georges Lafenestre. *La Peinture en Europe. La Belgique* p. 252. — « H. 5.03. L. 5.50. T. Fig. plus gr. nat. Ornait autrefois le maître-autel de l'église des Carmes déchaussés. N° 508 du catalogue. — « C'est une œuvre bien composée, d'un effet imposant et trahissant dans quelques têtes, surtout celle de la Vierge, l'influence de Rubens. » Waagen, t. II, p. 221.

(3) A. J. Wauters considère la *Flagellation* de Gand comme une œuvre de transition entre son ancienne manière italienne et sa nouvelle influencée par Rubens. *Peinture flamande*, p. 257.

(4) Cette reproduction a été faite d'après une gravure de Vorsterman conservée à la Bibliothèque de la ville de Gand. Le même dépôt possède une autre gravure sur cuivre datant du XVIIIe siècle, représentant le même sujet, mais renversé, et portant le nom de l'éditeur G. Henderickx. Cette dernière gravure qui ne porte pas de nom d'auteur, ne figure pas parmi celles qui sont conservées à la bibliothèque royale de Bruxelles (Cabinet des Estampes). — Ce tableau n'est pas cité par Mr Glück dans son *Rubens Zeit und Schule.*

peintures datant de cette époque. Kervyn de Volkaersbeke, dans *les Eglises de Gand*, cite cette œuvre avec les plus grands éloges. « Ce tableau, d'un coloris et d'un dessin irréprochables, est rendu, dit-il, avec la plus grande vérité. Peut-être a-t-il aussi le défaut de cette qualité ; car dans le Christ, dont les formes sont trop replètes, on devine le modèle. Cette toile compte au nombre des chefs-d'œuvre de Seghers, qui fut l'ami de Rubens et de Van Dyck... » (1). On sait que ce tableau a été offert à l'église par Mᵣ Terlack, avant la Révolution française. Il se trouve placé dans une chapelle du chœur à gauche, près de l'entrée de la sacristie.

Il nous reste à examiner dans quelles circonstances et à quelle époque Gérard Zegers abandonna son genre primitif, pour s'enrôler dans la brillante phalange des imitateurs de Rubens.

Cette explication nous est encore donnée par Joachim Sandrart, déjà cité plus haut : « Quand, dit-il, Rubens, ce peintre renommé, mourut à Anvers, et que Van Dyck se fut établi à Londres, le goût artistique général se portait uniquement vers leur genre de peinture, qui seul était apprécié et demandé. C'est alors que Zegers changea sa première manière si naturelle, pour s'appliquer à peindre dans le goût nouveau, avec des couleurs chatoyantes qui plaisaient davantage aux yeux. Quand je le vis à Amsterdam en 1645, la transformation était complète et je n'aurais pas reconnu ses tableaux, si je ne les avais vu exécuter devant moi. Il m'expliqua alors que sa nouvelle manière de peindre était celle de Rubens et de Van Dyck ; que seule elle plaisait au public et qu'il était forcé de s'appliquer à produire des œuvres dans le genre nouveau ; non par conviction esthétique, ni pour relever le niveau de l'art, mais bien pour gagner beaucoup d'argent. » (2).

---

(1) Kervyn de Volkaersbeke, *Les Eglises de Gand*, t. II. Églises paroissiales et oratoires, p. 84 (Gand, 1858).

(2) Voici le texte de Joachim Sandrart tel qu'il se trouve dans la *Teutschen Academie* : « Als aber unser berühmter Peter Rubens zu Antorf gestorben und der von Dick sich zu London niedergesetzt hatte, dern beiden Manier

Ce récit naïf paraît exact; ce ne serait pas la première fois d'ailleurs que l'on verrait un artiste se trouvant forcé d'abandonner ses préférences personnelles, qui le conduisaient à la misère et à la faim, pour adopter la mode du jour qui devait lui assurer, sinon la richesse, du moins l'aisance. Quoi qu'il en soit, Zegers nous a prouvé, par des œuvres remarquables, qu'il sut fort bien s'assimiler le genre de Rubens et produire encore dans cette manière des œuvres très belles. Constatons cependant que par quelques points il resta personnel, gardant sa prédilection pour certains effets de lumière qui laissaient dans la pénombre les figures accessoires de ses compositions, ainsi qu'un certain calme réaliste, qui contraste avec le mouvement parfois désordonné des œuvres du grand peintre d'Anvers.

Voyons maintenant, avec Mr Glück, si l'époque du changement dans la manière de peindre de Zegers, donnée par Sandrart, correspond à une date précise. Rubens mourut en 1640 et Van Dyck séjourna déjà à Londres entre 1632 et 1635 Or, l'*Adoration des Mages* de Zegers fut peinte en 1630 et nous y reconnaissons déjà complètement les principaux caractères de sa seconde manière qui devaient encore s'accentuer plus tard. C'est donc vers l'époque du premier séjour de Van Dyck en Angleterre, que l'on doit reporter le changement qu'il apporta à sa manière de peindre, et non pas au moment de la mort de Rubens qui survint une dizaine d'années plus tard. Acceptant l'année 1630 pour l'*Adoration des rois Mages*, je pense qu'il y aurait lieu de proposer 1628 ou 1629, comme date

---

im mahlen allda vor allen beliebt ward, wondete sich unzer *Segers* von vorgehabter Naturlichkeit ab und auf die Practic mit liechten schönen Farben, den Augen zu belieben, gestalten er dann, als ich ihn Anno 1645 zu Amsterdam bezucht, mir etliche seiner Stucke gewiesen, die ich von seiner Hand zu zeyn nicht mehr erkennet hätte, wofern ich seinen Vorgeben nicht hätte glauben müssen, und sagte er dabey, dass diese des Rubens und von Dick Manier mehr den Leuten beliebig wäre, daher muste er bey diezer Expedienza verbleiben und seine Gedanken mehr, um viel Geld zu machen als die Kunst zu erheben, abrichten. »

d'exécution probable du *Songe de Joseph* (1) du musée de Gand, qui ornait jadis, comme on le sait, l'autel principal de la nef latérale de l'ancienne église des Dominicains à Gand (2).

---

(1) La cathédrale de St-Bavon à Gand possède de notre peintre un *Martyre de St Liévin* (chapelle de St-Liévin) et l'église de N.-D. St-Pierre deux autres toiles : une *Résurrection de Lazare* et un *Christ guérissant un aveugle*. Ces compositions appartiennent à la seconde manière de Zegers et ne peuvent être comptées parmi ses meilleures productions. Voir KERVYN DE VOLKAERSBEKE, *Les Eglises de Gand*, t. I, p. 79, et t. II, pp. 84, 232, 241, 245, 247.

(2) D'après SPRUYT, ce tableau était placé sur l'autel de la Vierge de l'église des R.R. Pères Récollets en 1777. (Le catalogue de A. SUNAERT ne donne pas ce renseignement.)

Frans Wouters.

———

Frans Wouters, quoique assez peu connu jusqu'ici, doit être également compté parmi les meilleurs peintres flamands de l'école de Rubens (1).

Comme Gérard Zégers, il eut diverses manières de peindre et, malheureusement pour sa mémoire, un certain nombre de ses œuvres parmi les principales, font honneur à d'autres artistes.

C'est ainsi qu'un des plus intéressants tableaux du musée de Gand : *une Sainte famille avec des anges dans un paysage*, jusqu'ici attribué à Pierre Van Avont doit, d'après Mr Glück, lui être restitué (2) — Fig. 8.

Le savant conservateur au musée de Vienne est bien à même de connaître l'œuvre de Frans Wouters, car ses galeries de peintures n'en contiennent pas moins de cinq entièrement de sa main, dont quatre ont été jusqu'ici erronément cataloguées sous le nom de Gérard Zegers.

---

(1) A.-J. WAUTERS, *La Peinture flamande* : « Ses œuvres (de Wouters) sont rares. On trouve à Vienne, deux beaux bustes de grandeur naturelle(?), où l'on reconnaît aisément l'élève de Rubens; des paysages à Cassel; des petits sujets mythologiques, d'un faire léché, à Gotha, à Lille et à Nancy. »

(2) Ce tableau a été décrit par notre confrère Mr A. Dutry dans le fascicule XXXIII de l'*Inventaire archéologique de Gand*. L'auteur de la fiche en question a conservé l'ancienne attribution que l'on retrouve également dans A. J. WAUTERS, *Hist. de la Peinture flamande*, pp. 263-264; SIRET, *Dictionnaire des peintres*, et dans A. SUNAERT, *Catalogue descriptif du musée de Gand*, p. 64.

Ce sont : un grand paysage intitulé *Le repos de Diane;* une *Sainte famille avec saint Antoine de Padoue; Hagar dans le désert; une Danse de Bacchantes* et *une Diane endormie.* Tous ces tableaux figurent dans l'ancien inventaire de l'archiduc Léopold, où ils portent le nom de leur véritable auteur : « Francisco Wouters vón Antorf » c'est-à-dire : Frans Wouters d'Anvers.

Leur attribution à Gérard Zegers était inadmissible; nous avons vu plus haut combien les sujets qu'affectionna ce peintre aux deux époques distinctes de sa carrière artistique diffèrent de ceux énumérés dans l'ancien catalogue de Vienne. Le genre mythologique et les peintures d'amours nus dans des paysages correspondent par contre aux sujets favoris de Wouters, tel qu'il nous est connu par les auteurs contemporains.

Une inscription qui accompagne son auto-portrait gravé par de Jode, illustrant le recueil de portraits de Meyssen, qui date de 1649 et qui fut reproduit plus tard dans le « Gulden Cabinet », en fait foi :

> T'geen aende Edel Const van Wouters is te merken,
> Seer liefelijck in 't naeckt en mals in al zyn werken,
> Seer los gelijck Van Dyck, zeer soet als Titian,
> Soo net en aenghenaem ded'hy syn stucken staen.
> Het aensien gans becoort den gragen lust van d'ooghen
> Die dickwils door des' Const valt in den sin bedroghen.
> Siet Venus by Adoon, oft ander hey Goddin,
> De naeckte Gratien, oft eenich Saters min,
> Diana op de Jacht, oft daer sy haer gaet waschen,
> Oft daer den Satur Pan Sieringa wilt verrassen,
> Oft daer naer t'leven compt een stille wildernis (1),
> Al wat hy heeft ghemaeckt het schynt dat t'leven is (2).

---

(1) *Stille Wildernis,* est employé ici dans le sens de paysage ou de site champêtre non étoffé de figures formant un sujet déterminé.

(2) Cornelis De Bie, *Het Gulden Cabinet van de Vrij Schilder-Const*

Le jésuite Papebrochius, dans ses *Annales Antverpienses*, rappelle également que notre peintre peignait des Vénus, Adonis, Diane, Actéon et autres « sottises et saletés » (vuiligheden), de plus qu'il imitait Van Dyck et Titien.

Les œuvres de Frans Wouters rappellent cependant jusqu'à un certain point celles de Peter Van Avont qui affectionnait, lui aussi, les peintures d'anges et d'amours nus. Cette parenté entre certaines compositions des deux artistes s'expliquera aisément quand on saura, — chose généralement ignorée par ses biographes(1), même par Immerzeel ordinairement bien informé, — qu'avant de devenir l'élève de Rubens, Wouters vécut de longues années chez Van Avont dont il suivit l'enseignement.

J. van den Branden, qui a reconstitué la vie de notre artiste d'après les documents les plus sûrs (2), nous apprend que Frans Wouters était le fils d'un riche fabricant de meubles d'Anvers; qu'il naquit en 1612 à Lierre, et que son père l'amena à Pierre van den Avont d'Anvers le 4 décembre 1629, pour l'instruire dans son art.

Le jeune Frans montrait déjà alors les plus grandes dispositions pour la peinture. Son père conclut un engagement avec le peintre anversois, et il fut décidé que celui-ci lui donnerait l'enseignement artistique au prix de dix livres de Flandre par an. Le contrat était valable pour quatre ans et le maître s'engageait en outre à pourvoir à l'entretien de son élève. Ces premières années d'études étant écoulées, on passa un nouveau contrat pour un autre terme de quatre années, mais cette fois sans que notre jeune artiste dut payer de pension, ce qui fait supposer avec raison à Mr Van den Branden, que son maître, voyant le parti

---

(Antwerpen, 1661), p. 174. Nous y voyons qu'il le compare à Van Dyck et à Titien, et qu'il cite parmi ses sujets favoris Vénus et Adonis, les Grâces, les aventures de Diane ainsi que celles de satyres, et même des paysages.

(1) Voir SIRET, *Dictionnaire des peintres*, p. 418.

(2) J. VAN DEN BRANDEN, *Annales de l'Académie d'archéologie de Belgique*, XXVIII, Anvers 1872, et *Antwerpsch Archievenblad* (Antwerpen, 1902), p. 360, 366-368, 429-430, 433 et 438.

qu'il pouvait tirer de son élève, tint à se l'assurer encore pendant quelques années pour une collaboration dont on possède notamment une preuve au musée de Vienne. Effectivement un tableau attribué à Gérard Zegers (n° 993; du catalogue Engerth : 659) représentant une *Sainte famille avec des anges dans un paysage* (fig. 5), est mentionné dans l'inventaire de l'archiduc sous le double nom de Pierre van Avont pour les figures et de Frans Wouters pour le paysage (1). On remarquera que les proportions et les formes des anges sont ici très inférieures à celles que l'on rencontre dans le tableau de Gand (fig. 8). Nous savons que Frans Wouters séjourna encore quatre ans et demi chez Van Avont, en sa qualité probable de collaborateur plus ou moins occulte, et que brusquement, aussitôt après la mort de son père, il abandonna son premier maître pour s'engager dans l'atelier du grand Rubens.

Celui-ci eut à le défendre bientôt contre Van Avont qui fit un procès à son ancien élève. La même année, probablement par l'influence du grand peintre anversois, Wouters fut nommé franc-maître de la Gilde de St. Luc (1634). Comme Van Dyck, il continua, quoique passé maître, à fréquenter l'atelier de Rubens, qui, à cette époque, avait grand besoin de se faire aider par des élèves de talent pour l'exécution des grands travaux décoratifs qu'il venait d'entreprendre à la demande du Cardinal-Infant Ferdinand (17 avril 1635). On peut donc admettre comme très probable l'hypothèse que Frans Wouters collabora aux ouvrages colossaux qui furent exécutés à cette époque, quoique le nom de notre artiste ne soit pas cité dans les sources officielles. Cette omission trouverait son explication dans ce fait, que Wouters appartenait encore en ce moment à l'atelier personnel de Rubens.

---

(1) « 95. Ein Landtschafft von Oehlfarb auff Holcz, warin vnnserliebe Fraw auf der Erden ahn einem Baum mit den Christkindel auf den Schosz, warbey der heylige Johannes Baptista khnieldt unnd viell Englen sich befindten, darvon fünff auff dem Baum. In einer eben Ramen, hoch 3 Span 6 Finger unnd 4 Span 7 Finger braidt. Die Figuren von Peter von Avont, Mahler von Antorff, unndt das Landschaftl von Francisco Wouters. »

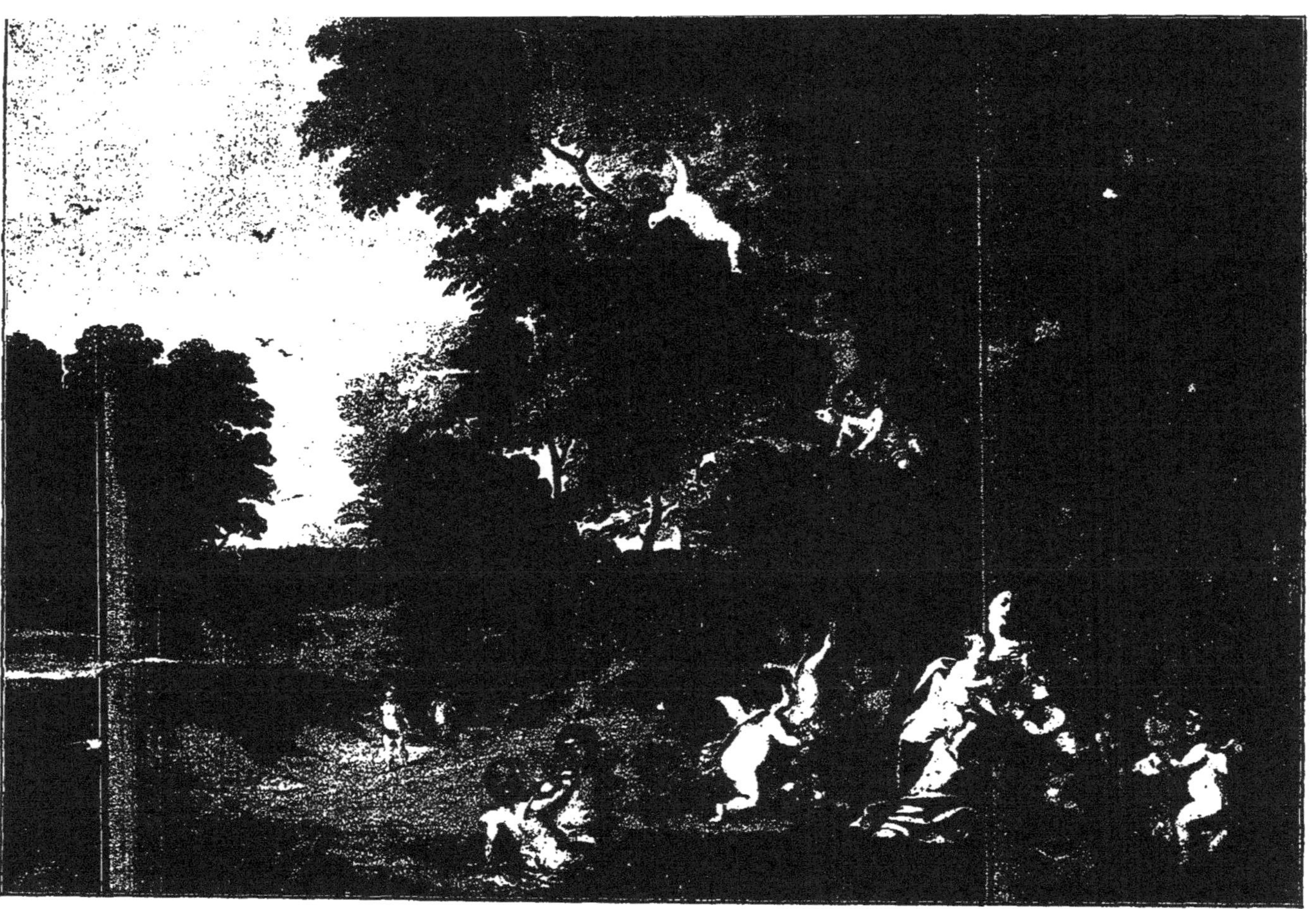

Fig. 5. — Sainte Famille avec des anges dans un paysage, par Van Avont et Frans Wouters.
Musée impérial de Vienne.

Sa participation aux commandes d'alors serait d'ailleurs prouvée, car on sait qu'il peignit en petit une *Entrée du Cardinal Infant Ferdinand à Anvers*, au moment où il traverse la « Keyserspoorte » de cette ville ; tableau qui appartenait jadis au peintre Victor Wolfvoet et qui fut vendu lors du règlement de sa succession en 1652 (1).

L'inscription que nous trouvons sous une gravure de Peter de Jode, exécutée d'après son autoportrait, témoigne encore qu'il se rendit, peu après, à la cour de l'empereur d'Autriche Ferdinand II (2).

On ne sait par quelle influence il y obtint le titre de peintre de la cour, mais la date de son séjour est connue : on peut la fixer avec certitude à l'année 1636. L'année d'après, il se trouvait en Angleterre où il reçut la nouvelle de la mort de l'empereur (15 février 1637). Il s'était rendu à Londres avec l'ambassadeur d'Autriche.

C'est pendant son séjour à Vienne qu'il exécuta un grand paysage représentant *Diane et ses Nymphes*, qui depuis cette époque a été conservé dans les collections de l'empire. Ce tableau, comme le remarque Mr Glück (3), peut être considéré malgré ses qualités comme une de ses œuvres de jeunesse. Le paysage présente même certaines analogies avec ceux qu'exécutèrent les paysagistes anversois plus anciens, tels que Josse De

---

(1) « Een stucxken, van Wouters, weesende dincomen deser stadt lancx des Keyserspoorte, op panneel, in lyste. » *Antwoerpsch Archievenblad*, XXI, p. 362.

(2) Voici un passage de cette inscription : « ... il a étté disciple de P. Paul Rubens, et par son addres est faict peinctre de l'Empereur d'Allemaigne Ferdinand le 2eme sestant, allé avec son Ambassadeur en Angleterre, où estant arrivé reçut la novelle que Sa Maj^{té} Imperl^e estoit mort lan 1637, en après fut peinctre et homme de chambre du Prince de Galles, ayant demeure quelque temps à Londres s'est retourné à Anvers sy faisant valoir par son art. »

(3) Une belle reproduction de ce tableau, conservé dans le musée impérial de Vienne, orne l'ouvrage de Mr G. Glück : *Rubens' Zeit und Schule.*

Momper et Paul Brill. L'incontestable grandeur que l'on remarque dans l'exécution du paysage, vient cependant nous rappeler « une influence étrangère » qui ne peut être que celle de Rubens. Le modèle des têtes des femmes nous montre les mêmes reminiscences.

A la cour d'Angleterre, Frans Wouters rencontra Van Dyck, qui y séjourna depuis 1635 jusqu'à sa mort. Nous ne savons rien de leurs relations personnelles, mais elles sont probables, car on retrouve dans les dernières œuvres de notre artiste l'influence visible de Van Dyck, dont témoignent déjà, comme nous l'avons vu, ses contemporains. Tous deux d'ailleurs eurent en même temps une position officielle à la cour d'Angleterre; Van Dyck en qualité de peintre de Charles I; et Wouters comme peintre et « homme de chambre » du Prince de Galles, qui devint plus tard Charles II. Peut-être peut-on reconnaitre sa main dans d'excellentes copies faites alors d'après des portraits de Van Dyck et conservées à cette cour; en tous les cas, en sa qualité de peintre du Prince de Galles, il dut certainement faire le portrait de ce dernier. Le seul exemplaire authentique d'un portrait fait par Wouters c'est sa propre image gravée par de Jode, dont nous avons parlé déjà et celle-ci nous prouve qu'il s'inspira très visiblement de Van Dyck surtout dans ce genre.

Parmi les œuvres que Wouters exécuta à la cour de Londres, il faut citer les peintures décoratives qui ornent un des châteaux royaux où il représenta *Hercules dans l'Olympe*. Trois de ses paysages sont conservés dans la galerie de Jacques II, ainsi qu'une autre toile où il peignit, l'*histoire de St Sébastien*.

D'après Mr Glück, *une Ronde d'Amours* (fig. 6) et un *Paysage avec un arc en ciel* qui se trouvent encore conservés dans la résidence royale d'Hampton Court, près de Londres, doivent appartenir également à cette époque. Le premier sujet, *la Ronde d'Amours*, un des thèmes favoris de Frans Wouters, nous intéresse plus spécialement, car il offre une grande analogie avec un tableau représentant : *une Sainte famille avec une*

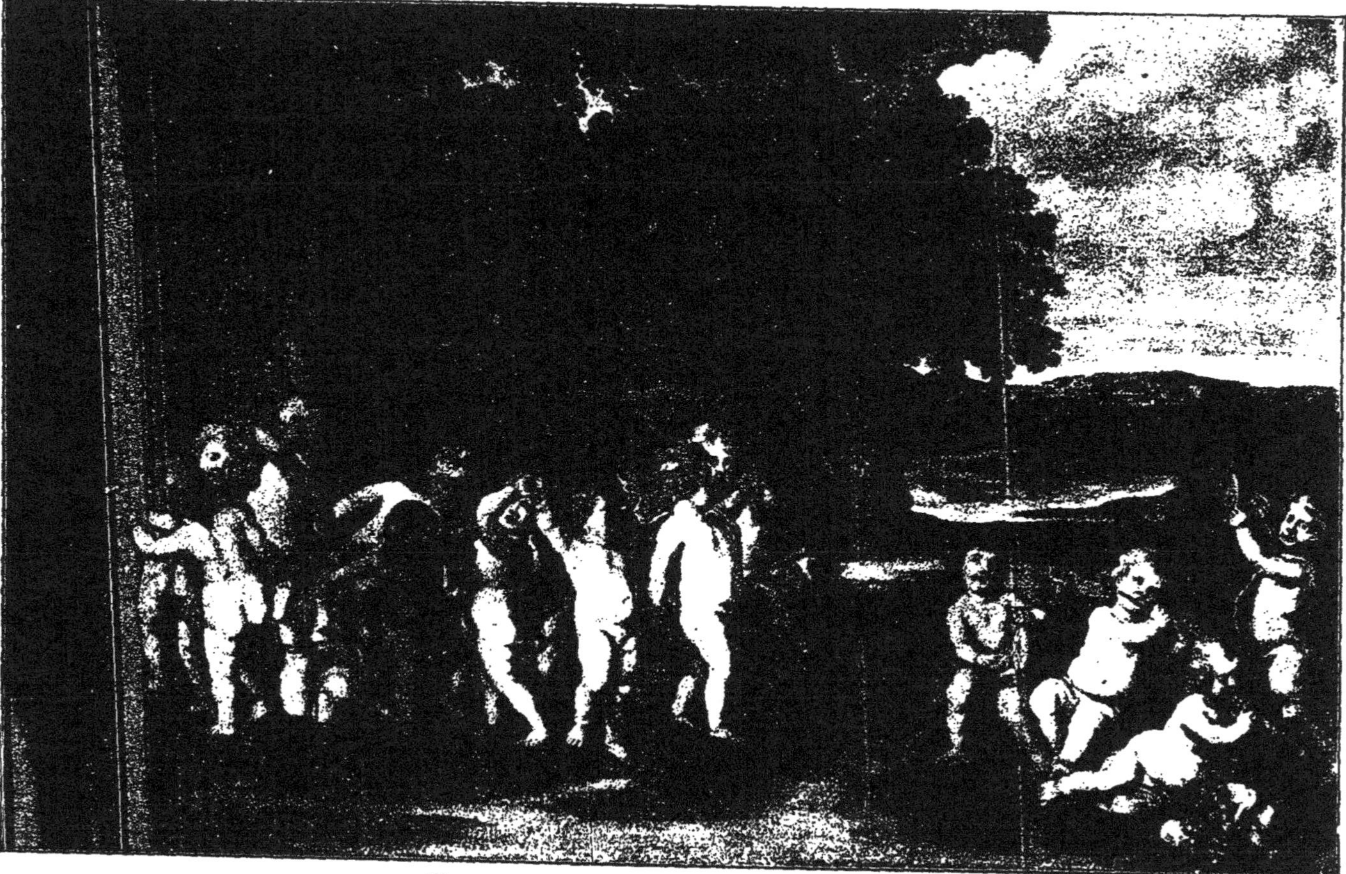

Fig. 6 — Ronde d'Amours, par Frans Wouters
Hampton Court.

ronde d'anges, dans un paysage, qui se trouve à l'église de N.-D. de Saint-Pierre à Gand (fig. 7).

Cette dernière toile, d'assez grandes dimensions, les figures sont presque grandeur naturelle, est citée par les principaux historiens d'art qui se sont occupés de Pierre Van Avont, comme une des œuvres les plus importantes de ce maître (1).

Alfred Michiels qui la vit vers le milieu du XIXᵉ siècle la décrit ainsi (2) :

« Il existe de lui (Van Avont) dans l'église de St-Pierre à Gand, un tableau des plus poétiques et des plus gracieux. La Vierge, son fils et Saint Joseph sont arrêtés sous une touffe d'arbres, au milieu d'une belle campagne. Devant eux, des anges dansent en se tenant la main, pour témoigner leur joie et distraire les fugitifs : un autre groupe d'esprits célestes joue de divers instruments, sur les nues. L'exécution est parfaite et digne de la conception » (3).

Cette peinture a malheureusement beaucoup souffert. Déjà en 1858, l'auteur des *Eglises de Gand* constatait que » ce tableau comme tous ceux placés contre la muraille (de l'église de St-Pierre) subit la funeste influence de l'humidité. Dans peu d'années, ajoute-t-il, le mal sera irréparable « (4).

Cette sombre prophétie s'est malheureusement en partie réalisée, car, malgré, ou à cause d'une restauration intensive qui lui a enlevé sa patine et quelques-uns de ses glâcis anciens (5)

---

(1) Voir A. SIRET, *Dictionnaire des peintres,* p. 46 ; A. DUTRY, fascicule XXXIII de l'*Inventaire archéologique de Gand* ; KERVYN DE VOLKAERSBEKE, *Les Eglises de Gand,* t. II, p. 249-250.

(2) A. MICHIELS, *Rubens et l'Ecole d'Anvers,* p. 539.

(3) Ce tableau n'est pas cité dans l'ouvrage de Mʳ G. Glück.

(4) KERVYN DE VOLKAERSBEKE. *Les Eglises de Gand,* pp. 249 et 250.

(5) Cette restauration n'a pas été autorisée par la Ville de Gand. Il y aurait lieu d'examiner ce tableau. Peut-être y aurait-il encore moyen de le remettre dans son état primitif. D'autres tableaux de mérite placés dans diverses églises et dépôts de Gand se trouvent également en un état précaire et nécessitent une mise en état urgente. Une intervation de la Société d'Histoire et d'Archéologie de Gand serait des plus utiles dans la circonstance.

ce tableau est loin de valoir l'œuvre de plus petites dimensions du Musée de Gand (1).

D'après l'auteur de *Rubens' Zeit und Schule*, à qui j'ai envoyé une photographie de cette composition, ce tableau ne serait qu'une copie d'après *la Vierge aux perdrix* d'Antoine Van Dyck, qui se trouve à l'Ermitage à St-Pétersbourg, ou bien, d'après la répétition un peu variée du Palais Pitti à Florence, où l'on voit dans l'air au lieu de trois perdrix, trois anges qui chantent et font de la musique. « En étudiant la photographie seule, ajoute-t-il, je ne puis vous dire si la copie est du temps; elle est d'ailleurs en *sens inverse* ce qui s'expliquerait bien si elle avait été faite d'après une estampe. Le tableau est sans doute très mal restauré. Je ne vois pas la raison de l'attribuer à P. Van Avont ou à F. Wouters. Le paysage rappelle un peu les paysages de ce dernier ; mais il faudrait voir l'original » (4).

J'ai pu comparer la composition de Gand avec la gravure de Schelte et Bolswert exécutée en sens inverse d'après l'œuvre originale de Van Dyck au Palais Pitti, et j'ai pu constater que les deux compositions sont identiques, ce qui ferait croire que notre tableau a été fait d'après cette gravure. Le paysage cependant a été agrandi à gauche sur la peinture gantoise.

Déjà Kervyn de Volkaersbeke, dans ses *Eglises de Gand*, avait signalé que cette *Sainte famille avec des anges* avait été peinte d'après une œuvre de Van Dyck représentant le même sujet (2).

La *Ronde d'amours* d'Hampton Court nous prouverait, à défaut de celle de l'église de St Pierre, que Frans Wouters exécuta des tableaux dans ce genre et qu'ils diffèrent notablement des amours et angelots de son ancien maître, surnommé l'Albano flamand.

---

(1) Gustav Glück, *lettre particulière* du 5 octobre 1904, adressée à L. Maeterlinck.

(2) Kervyn de Volkaersbeke, *Les églises de Gand*, t. II, p. 240 et 250.

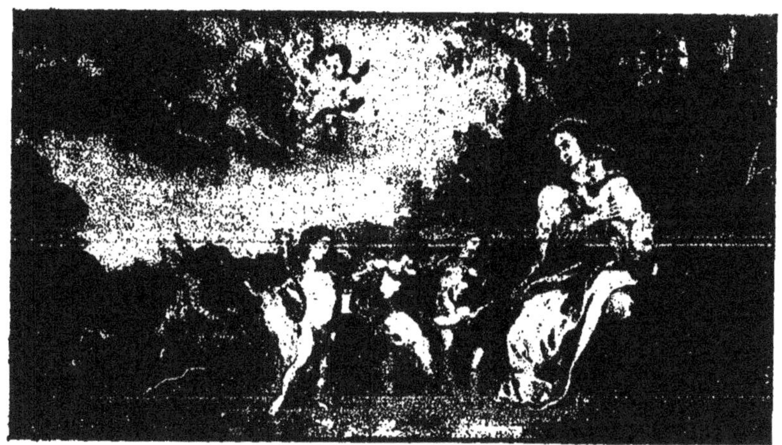

Fig. 7. — Sainte Famille avec une ronde d'anges, attribuée à P. Van Avont.
Eglise Saint-Pierre à Gand.

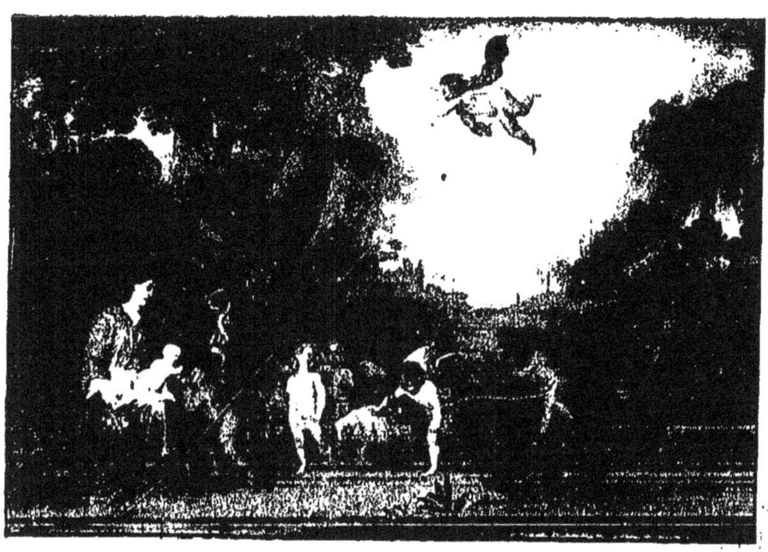

Fig. 8. — Sainte Famille avec des anges dans un paysage, par Frans Wouters.
Musée des Beaux-Arts de Gand.

Comme le dit Mr Glück, les « poupées » de Van Avont sont d'une toute autre race (1) que les amours de son ancien élève, qui suivit dans ce genre la manière bien connue de Rubens et de Van Dyck.

Lorsque notre peintre exécuta le tableau conservé à Hampton Court, il put d'ailleurs s'inspirer de nombreux modèles, notamment de la *Frise enfantine* de la salle de banquet de Whitehall, qu'il vit très probablement exécuter dans l'atelier de Rubens et qu'en tous les cas, il eut journellement sous les yeux pendant son séjour à Londres.

Mais c'est surtout dans la *Sainte famille avec des anges dans un paysage* du musée de Gand (fig. 8), qu'il exécuta peu après, que nous pouvons constater combien parfaitement Frans Wouters sut s'assimiler le faire et le dessin de Rubens dans ses œuvres de petites dimensions.

On se rappelle le sujet :

Dans un beau paysage accidenté, avec à droite des rochers, et des montagnes dans le lointain, nous voyons à l'avant-plan la Vierge, tenant sur ses genoux l'enfant Jésus ; le groupe se détache sur un massif d'arbres placés à gauche. L'Enfant divin tend ses bras vers le petit saint Jean accourant de la droite. Trois anges menant un agneau le suivent ainsi que plus loin deux autres anges portant un panier de fruits. Deux amours voltigent dans les airs vers la gauche. Toile H. 0,85. L. 1,22.

Mr Gustav Glück considère cette charmante composition, « reizendes Stück » (2), avec un *Prométhée sur son rocher* et une

---

(1) « So sind doch seine Kindlein vo einer ganz andere Rasse als diese zarten, etwas gezierten Püppchen Peter van Avonts. » GUSTAV GLÜCK, *Aus Rubens' Zeit und Schule*, p. 22.

(2) « Nur um weiniges später möchte ich eine Anzahl von Gemälden ansetzen, dis ehenfalls Rubens' starke Einwirkung verraten : Prometheu auf dem Felsen und Pomona mit dem Füllhorn, beides Figuren etwa von halber Lebensgrösse im Museum im Lille, Gemälde, in denen die Landschaft stark gegen die Figuren zurücktritt, was sonst bei unserem Meister selten der Fall ist. Maria mit dem Kinde, den kleinen Johannes

Pomone, toutes deux figures demi-nature du musée de Lille (n°ˢ 632 et 633), ainsi qu'une petite *Vanitas* de la galerie de peinture d'Anvers (cataloguée Inconnu n°602)(1), comme appartenant à cette même période, c'est-à-dire à l'époque de son retour à Anvers, dont on a le certitude en 1641.

C'est en effet le 26 août de cette année, que Frans Wouters fut chargé avec ses confrères plus âgés, Jacques Moermans et Kasper Jouwens, d'inventorier les peintures délaissées par son second maître, P.-P. Rubens (2), au château de Steen, près de Malines.

Il paraît cependant que Wouters revint assez longtemps avant cette date à Anvers, et qu'il y poursuivit ses relations amicales avec Rubens.

Après la mort du grand peintre anversois, notre peintre tout en conservant dans ses œuvres la marque de l'influence qui fut capitale dans sa vie artistique, transforma légèrement son style qui devint un peu plus personnel.

Par son mariage avec la fille légitimée d'un patricien d'Anvers, il était devenu riche lui-même. Comme plusieurs de ses confrères, notamment son premier maître P. Van Avont, il s'occupait de la vente d'objets d'art. C'est cette circonstance qui amena ses relations avec l'archiduc Léopold-Guillaume. Le duc de Buckingham lui emprunta en décembre 1648 une somme de 30.000 florins donnant en garantie 193 tableaux, 14 statues en bronze et en albâtre et 150 pièces de bijouterie. Wouters s'était associé pour cette opération avec un marchand inconnu Lionel Carhom.

Peu de temps après, Wouters, qui était alors doyen de la corporation de Sᵗ Luc, demanda à l'archiduc Léopold l'autorisation de faire une vente publique de la collection du duc de Buckingham, et profita, peut-être, de cette occasion, pour vendre à ce

---

viele Englien in einer Landschaft, im Museum zu Gent (n° 66, unter dem Namen Peter Van Avont), ein *reizendes* Stück, das sich an ähnliche Darstellungen Rubens' und Van Dycks enge anschliest,... » Gustav Glück, *Aus Rubens' Zeit und Schule*, p. 23.

(1) *Catalogue du Musée royal d'Anvers*, p. 46.

(2) *Antwerpsch Archievenblad*, II, p. 95.

prince, qui fut son principal acquéreur, quelques-unes de ses propres œuvres.

Mr Glück croit, non sans raison, que c'est à la suite de cette vente que trois tableaux de Wouters : la *Sainte famille avec saint Antoine de Padoue, Agar dans le désert*, et *la Danse de Bacchantes* (1) entrèrent dans les collections de la maison d'Autriche et figurent encore dans les galeries du musée de Vienne.

En 1645, Peter van Avont, reprit contre son ancien élève devenu riche, le procès interrompu jadis grâce à l'intervention de Rubens. Cette fois Frans Wouters se trouva forcé de transiger, et il dut acheter à son ancien maître, à un prix probablement élevé, un certain nombre de maisons. — Une reconciliation entre les deux artistes dut suivre, car nous apprenons, d'après Th. Van Lérius (2) que Wouters assista, en mai 1646, en qualité de parrain, au baptême d'un enfant de Pierre van Avont.

Ce dernier peintre, qui depuis sa brouille avec son ancien collaborateur, s'adressait pour ses paysages à d'autres peintres, notamment à Jan Breughel le jeune, se mis en rapport peu après avec Frans Wouters, qu'il avait appris à apprécier comme paysagiste, pour la confection en commun d'une scène champêtre représentant *La Vierge aux anges*, dont on a vu la reproduction fig. 5.

Nous ne suivrons pas le savant conservateur au musée de Vienne lorsqu'il passe en revue les dernieres œuvres connues de Frans Wouters qui nous intéressent moins. Qu'il nous suffise de remarquer que, dans la dernière décade qui précéda sa mort subite en 1659, il s'éloigna peu à peu du faire de Rubens pour adopter une peinture émaillée presque léchée, qui fait parfois confondre ses œuvres avec celles d'Adrien van der Werff. C'est sous le nom de ce dernier artiste qu'un de ses paysages, une *Diane et ses Nym-*

---

(1) Ces trois tableaux ainsi que les autres œuvres de Frans Wouters, au Musée de Vienne sont reproduits dans l'ouvrage de Mr Glück.

(2) Th. Van Lérius, *Biographies d'artistes anversois* (Anvers, 1881), p. 200.

phes, fut inscrit dans les anciens catalogues du musée de Vienne avant qu'on en reprit l'attribution à Frans Wouters d'après l'ancien inventaire de l'archiduc Léopold. Seuls ses paysages restèrent conformes aux anciennes traditions rubéniennes de cet artiste, dont le musée de Gand possède incontestablement une des œuvres les plus parfaites.

D'autres œuvres inconnus, également identifiées par Mr Glück grâce à l'ancien inventaire de l'archiduc Léopold Guillaume, ne nous intéressent pas moins; mais ma communication déjà longue me force à me borner.

Andrea Benedetti.

Je citerai cependant une belle et riche *nature morte avec vidrecome* et autres orfèvreries dans le genre de Jean de Heem, qui se trouve au musée impérial de Vienne, et qui est cataloguée dans l'inventaire de l'archiduc. sous le nom de «Benedetti von Antorff» (1), Benedetti d'Anvers.

L'étude de ce maître, qui fut l'élève de Jean de Heem, lui fera restituer plusieurs autres œuvres attribuées jusqu'ici à Abraham van Beyeren à cause de la similitude des initiales des deux artistes, qui à première vue paraissent semblables (2).

Outre le tableau de Vienne dont l'identité est absolument cer-

----

(1) « N°55. Ein grosses stuckh von Oehlfarb auf Leinwat, warin ein Tisch: darüber ein gruner sammether Döpich mitt silberen Freunezen vnd silber gestickht, darauf ein Porcelanaschüessel mit Vnderschiedtlichen Früchten, ein grosser Meehrkrips, ein Lauthen und ein verguldter Pecher, auf der seilten ein Stuhl, darauff eine kleine Schüessel mit drey Stückhel schunckhen. Hoch 7 Span unndt 8 Spann 7 Finger bräidt. Original von Benedette von Antorff. »

(2) Faisons remarquer cependant que Van Beyeren disposait l'A et le B de ses inititiales de façon à ce que les lettres se touchassent dans le bas donnant ainsi l'apparence des trois lettres A V B, réunies. Tandis que Benedetti laisse un intervalle entre les A et le B de son monogramme. Ni *le Dictionnaire des peintres* de A. SIRET, ni *la Peinture flamande* de A.-J. WAUTERS ne mentionnent le nom de cet artiste, sur lequel on trouvera des renseignements biographiques dans les *Liggeren der Antwerpsche Sint Lucas Gilde* t. II, pp. 86, 114, 121 et 209, par ROMBOUTS et VAN LÉRIUS. Voir surtout *Rubens' Zeit und Schule* de Mr G. GLUCK p. 27 et suivantes.

taine, MM. A. Schaeffer et Cornelis Hofstede de Groot signalent, avec l'auteur de *Rubens' Zeit und Schule*, une autre *Nature morte avec accessoires riches* de Benedetti, qui se trouve au musée de Budapest (Landesgalerie, n° 255), rappelant les « *Banc-ketten* » d'anciens catalogues de ventes flamandes où nous retrouvons également le nom de notre artiste (1).

** * ***

Jan Van Dalem, à qui l'on a restitué une curieuse et riante demi-figure d'un Bacchus de la galerie de Vienne, tenant un verre de vin à la main, nous intéresse également, car c'est un imi-tateur inconnu de Théodore Rombouts dont le musée de Gand possède des œuvres si importantes. La peinture de Vienne signée J. v. D. f. 1648, présente d'ailleurs les plus grandes analogies avec un *Buste de fumeur* à la physionomie railleuse, actuel-lement exposé dans nos galeries, dont Van Daelem se serait visiblement inspiré d'après Mr Glück.

A. Sunaert dans son *Catalogue descriptif du musée de la Ville de Gand*, le décrit comme suit ;

N° 74. « *Figure d'homme en buste*. — Le tableau repré-sente un homme avec une toque en soie rose, surmontée d'une plume bleue. Il a l'épaule et le sein droits nus; de la main gauche il tient une pipe allumée, tandis que dans la main droite il porte un verre à bière. Fig. de gr. nat., 0,68 I, 0,53. Toile. ».

Ce nom, introuvable dans le *Dictionnaire des peintres* de A. Siret ainsi que dans *la Peinture flamande* de A.-J. Wau-ters, est mentionné dans l'inventaire des objets d'art de l'archiduc Léopold. On trouve aussi la signature *Jan van dalem f. 1649* sur un *Portrait-groupe* d'une famille composée du père, de la mère et de deux enfants, conservé au musée de Tournai, signalé

---

(1) Dans le catalogue de la vente du peintre anversois Victor Wolfvoe. qui eut lieu en 1652, nous lisons : « Een *bancketken* van Beneditte in lijste op panneel. » J. Van den Branden, *Antwerpsch Archievenblad*, XXI. 5, 3.

et décrit par Mr H. Hymans dans son excellent livre, *Gand Tournai* (Leipzig, 1902, p. 114).

*
* *

Jan van den Hecke, appartient à cette pléiade d'artistes contemporains de Rubens qui, dès les vingt premières années du XVIIe siècle, commencèrent à orner les peintures les plus diverses d'encadrements formés de guirlandes de fleurs et de fruits. L'archiduc Léopold, qui semble avoir été très friand de ce genre de peintures, en possédait un grand nombre. Nous relevons dans son inventaire, à côté du nom de Jan Van den Hecke, ceux de Daniel Seghers, Jan Davidsz de Heem, Jan Philips van Thielen, Frans Ykens, Jan Anton Van der Baren, Jan Breughel le jeune, Mario dai Fiori et d'autres.

C'est parmi ces noms, croyons-nous, qu'il y aurait lieu de rechercher l'auteur d'une toile fort abimée, mais non sans mérite, conservée dans les réserves du musée de Gand, représentant un *Médaillon orné de fleurs, au milieu duquel est figuré le Christ au tombeau* (n° 117 du catalogue de A. Sunaert.) Il y est décrit comme suit par l'auteur sus-mentionné :

« Une guirlande de fleurs et de fruits, combinée avec des ornements architecturaux, forme un grand médaillon. Dans les coins supérieurs de droite et de gauche, sont assis des anges ; en dessous, deux autres anges sont placés debout de chaque côté de la corniche; ils supportent des trousses de fruits. Au milieu du médaillon est figuré le Christ au tombeau. Il est vu en raccourci par les pieds. Derrière lui on découvre saint Jean, qui examine la plaie de la main droite du Seigneur. Figures de grandeur naturelle. Hauteur 1,85 largeur 2,28, toile. »

Ce tableau de provenance inconnue, que j'ai trouvé dans les magasins lors de mon entrée en fonctions comme conservateur, était alors enroulé; il présentait des déchirures nombreuses et même des parties complètement enlevées. Sur ma demande il a été rentoilé, mais aucune restauration n'y a été faite. Ce travail, exécuté sous ma direction, il y a une vingtaine d'années, s'est fait dans de bonnes conditions. Espérons qu'en attirant l'attention sur cette toile, si semblable à d'autres analogues, exposées dans les galeries impériales du musée de Vienne, une restauration prudente et complète en sera faite, et rendra possible son placement dans les salles de peinture du nouveau Musée des Beaux-Arts de Gand.

TABLE DES GRAVURES.

TABLE DES MATIÈRES.